Colette Samson

Alex et Zoé

et compagnie

3

Livre de l'élève

CLE
INTERNATIONAL

Chez Ratafia

A

Écoute, montre et répète !

Activités GP p. 5
Activités CA p. 2

B

Regarde et écoute !

Puis réponds aux questions !

Activités GP p. 6
Activités CA p. 2

Voilà Alex, Zoé... et compagnie au Château des Carpathes ! Ratafia habite maintenant ici avec ses parents. Aujourd'hui, c'est son anniversaire !
Qu'est-ce qu'on peut faire dans le parc du Château ? On peut faire du roller, du cheval ?
On peut nager, manger sur l'herbe, jouer au tennis ? Quoi encore ?

C

Écoute et répète !

Présente
les personnages !

Activités GP p. 7
Activités CA p. 3

- Bonjour, madame !
- Vous voulez bien répondre à mes questions ?
- Vous habitez à la ville ou à la campagne ?
- Vous faites du sport ?
- Vous aimez dessiner ?
- Vous savez jongler ?
- Vous collectionnez les timbres ?
- Merci à vous !

- Bonjour !
- D'accord !
- J'habite à la ville !
- Oui, un peu !
- Oui, beaucoup !
- Non, pas du tout.
- Non, je collectionne les cartes postales !
- De rien, au revoir !

D

Écoute bien et
interroge ensuite
un professeur de
ton école !

Activités GP p. 7-8
Activités CA p. 3

E

Écoute et lis !

Activités GP p. 9-10
Activités CA p. 4

Activités GP p. 9-10
Activités CA p. 4

EXCLUSIF

L'interview de Malicia Magic, sorcière !

Malicia Magic répond à nos questions !

⭐ **Bonjour Malicia ! Comment allez-vous ?**
Bonjour. Je vais très bien, merci !

⭐ **Vous avez des enfants ?**
Oui, j'ai une fille, Abracadabra :
elle a neuf ans, elle est brune et elle
a les yeux verts ! J'ai aussi un garçon.
Il s'appelle Merlin. Il a les cheveux
blonds et les yeux noirs. Il va avoir
onze ans.

⭐ **Vous aimez les chats ?**
Oui ! J'ai trois chats : un chat noir,
un chat gris et un chat roux.

⭐ **Vous travaillez ?**
Oui, j'ai une boulangerie-pâtisserie.
Je vends du pain, des sandwichs, des
gâteaux et des glaces.

⭐ **... Des gâteaux et des glaces ?**
Oui, des gâteaux aux araignées,
de la glace à la limace...
Mes enfants adorent mes glaces et
mes gâteaux !

⭐ Hm... **Super !**
Qu'est-ce que vous aimez faire ?
J'aime faire des tours de magie !
J'aime faire du vélo et j'aime
beaucoup voler !

⭐ **Vous avez un tapis volant ?**
Mais non ! Je vole sur mon balai...
J'adore aussi faire du bateau.
Mon mari est pirate ! Il a un grand
bateau. Nous aimons traverser les
océans et chercher des trésors !

⭐ **Des trésors ?**
Vous trouvez des trésors ?
Mais non, jamais !

Malicia sur son balai.

F

Lis et réponds
aux questions !

1. Qui a les yeux verts ?
2. Qui est blond ?
3. Qui est roux ?
4. Qui vend des glaces ?
5. Qui a un bateau ?
6. Qui cherche des trésors ?

1
— J'ai un cadeau pour toi, pour ton anniversaire !
— Un livre ?

2
JULES VERNE
Voyages Extraordinaires

3
Oui, tu vas voir : des histoires pour rêver, pour rire, pour bouger ! Tu vas adorer!

BD

Regarde et écoute !

Joue l'histoire !

Activités GP p. 11-12
Activités CA p. 5

4
Merci beaucoup, Alex, c'est super !

5
Regardez, le Château des Carpathes est ici !

6
Et ça, c'est la France : voilà le fromage...

7
...voilà les crêpes, les quiches...

8
— Ah, ah ! Vous aimez manger !
— Comment vous le savez ?

Jules Verne

Le départ

Activités GP p. 13
Activités CA p. 6

A Écoute et lis !

Écoute et répète !

B Écoute et répète !

Puis joue la scène !

Activités GP p. 14
Activités CA p. 6

Mon journal

Jeudi 8

Nous sommes chez Ratafia pour son anniversaire, au Château des Carpathes, en Transylvanie : c'est en **Roumanie** !

Nous partons demain : Alex et moi, nous allons faire le tour du monde ! Génial ! Mamie et Croquetout partent avec nous. Ratafia veut partir aussi. Non et non !

Ratafia est méchante, elle est idiote, elle est moche. Je ne veux pas. Alex est idiot aussi. Non, Alex n'est pas idiot, il est trop gentil, il est trop timide...

Je déteste Ratafia ! C'est une peste. Je déteste son rat Pustule, il est dégoûtant !

Alex a une idée géniale : visiter les pays du monde où on parle français ! Mamie a une carte des pays francophones ! Super !

Croquetout veut emporter cinquante valises de fromages, de sandwichs, de gâteaux : il a peur d'avoir faim !

Croquetout est un peu idiot, non ? Mais je l'aime beaucoup...

Zoé

C

Écoute et lis !

Activités GP p. 15
Activités CA p. 7

Corrige !

1. Zoé veut faire le tour du monde avec Ratafia.
2. Alex est jaloux.
3. Croquetout a une carte des pays où on parle français.
4. Il veut emporter cinquante valises de chemises, de chaussettes, de pantalons.
5. Zoé, elle, a peur d'avoir faim.

D

Lis et corrige
les phrases !

Qui parle français dans le monde ?

Regarde, écoute
et montre sur
la carte !

Puis joue avec
tes camarades !

Activités GP p. 17
Activités CA p. 8

	On parle français à la maison, à l'école, à la télévision, dans la rue.
	On parle français à l'école ou à la télévision et un peu dans la rue.
	On parle un peu français à l'école ou dans la rue.

Écoute et répète
la chanson !

Activités GP p. 18
Activités CA p. 8

Il y a les Français de l'autre bout du monde :
En Guadeloupe, en Martinique,
Dans les îles du Pacifique,
En Nouvelle-Calédonie,
En Guyane ou à la Réunion !

On parle aussi français dans d'autres pays du monde :
Au Laos ou au Québec,
Au Maroc ou en Belgique,
Au Cambodge ou en Egypte,
En Roumanie, au Mali,
Au Vietnam, en Bulgarie,
Au Liban et au Gabon aussi !

1

Ratafia est gentille, non ?
Elle peut partir avec nous ?

Non, Ratafia n'est pas gentille !
C'est une peste !

2

Qu'est-ce que c'est ?
Un fantôme ?

Regarde et écoute !

Joue l'histoire !

Activités GP p. 19-20
Activités CA p. 9

3

Ah !
Des monstres !
Je n'aime pas du tout les monstres...

4

Un dra-dra, un dragon !
J'ai peur des dragons...

5

Et maintenant un ogre...
C'est trop !
Le château !
Le château est hanté !

6

Ahhh !
Au secours !

7

Partez faire le tour du monde sans moi !

Oui, je suis une peste !
Oui, je suis méchante !
Au revoir, bon voyage !
Ah ah ah ah !

Le Château des Carpathes

Entre mer et montagne

A

Répète puis écoute et montre la bonne image !

Activités GP p. 21
Activités CA p. 10

une plage — un désert — une montagne

une forêt — une grotte — une cascade — une plaine — une rivière

Envie de bronzer ? Nous avons des plages !
Envie d'explorer ? Nous avons des grottes !
Envie de pêcher ? Nous avons des rivières !

Envie de faire du ski ? Nous avons des montagnes !
Envie d'être seul ? Nous avons des déserts !
Envie de marcher ? Nous avons des forêts !

B

Lis d'abord, puis écoute et trouve les réponses !

Activités GP p. 22
Activités CA p. 10

Tu as envie de bronzer ?	Oui, j'aime les rivières !
Tu as envie de marcher ?	Oui, j'aime la plage !
Tu n'as pas peur du noir ?	Oui, j'aime la forêt !
Tu as envie de faire du ski ?	Oui, j'aime le désert !
Tu as envie de pêcher ?	Oui, j'aime la montagne !
Tu as envie d'être seul ?	Non, j'aime les grottes !

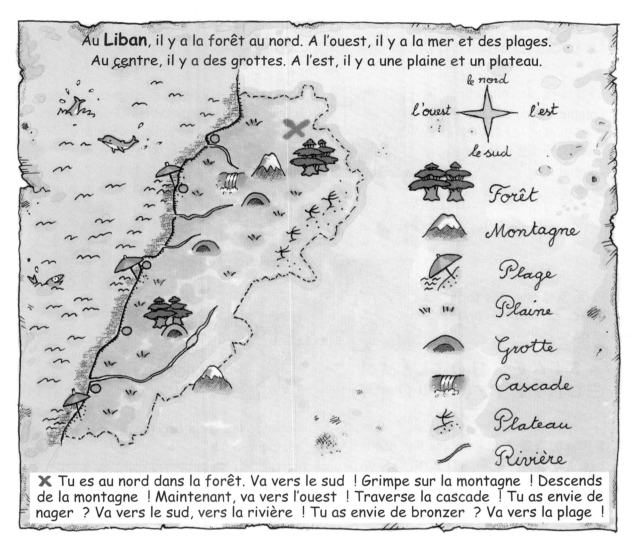

Au **Liban**, il y a la forêt au nord. A l'ouest, il y a la mer et des plages.
Au centre, il y a des grottes. A l'est, il y a une plaine et un plateau.

le nord
l'ouest — l'est
le sud

Forêt
Montagne
Plage
Plaine
Grotte
Cascade
Plateau
Rivière

✗ Tu es au nord dans la forêt. Va vers le sud ! Grimpe sur la montagne ! Descends de la montagne ! Maintenant, va vers l'ouest ! Traverse la cascade ! Tu as envie de nager ? Va vers le sud, vers la rivière ! Tu as envie de bronzer ? Va vers la plage !

C

Écoute et montre !

Écoute et mime !

Puis joue avec ton voisin, ta voisine !

Activités GP p. 23
Activités CA p. 11

J'ai envie de rêver sur la plage au soleil !
J'ai envie de grimper tout en haut vers le ciel !
J'ai envie d'explorer la mer en bateau à voiles !
J'ai envie de marcher la nuit sous les étoiles !

Envie de soleil, envie de ciel,
Envie d'étoiles, envie de mer,
Envie de cascades, envie de couleurs,
Envie de rêves, envie de bonheur !

D

Écoute et répète la chanson !

Activités GP p. 24
Activités CA p. 11

E

Écoute et lis !

Activités GP p. 25
Activités CA p. 12

Le cours d'histoire d'Oncle Grégoire : L'alphabet

L'histoire de l'alphabet commence au **Liban** il y a 3 000 ans : les Phéniciens inventent les lettres de l'alphabet :

ꓘ ꓭ Λ ᐃ ᗐ Ⅱ B ⊕ ⵊ Ⱬ Ⲕ ℓ
ꟽ ꓗ ꖉ ○ ꓨ ꓱ Ⲩ Φ ꓯ W ✝ Ⲩ

Puis, 300 ans plus tard, les Grecs écrivent l'alphabet grec :

A B Γ Δ E Z H Θ I K Λ M N
Ξ O Π P Σ T Y Φ X Ψ Ω

Les Romains inventent l'alphabet latin 200 ans après. C'est l'alphabet de l'anglais, de l'espagnol, du français et de beaucoup d'autres langues !

Tu peux le lire en français ?

A B C D E F G H I J K L M N
O P Q R S T U V W X Y Z

Tu connais d'autres alphabets ? Lesquels ?

L'histoire de l'écriture commence il y a 5 000 ou 6 000 ans dans le Pays de Sumer, en Irak, et aussi en Egypte.

Ces écritures, comme l'alphabet phénicien et comme l'écriture nahuatl née au Mexique il y a 700 ans, ne servent plus aujourd'hui.

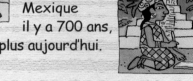

L'écriture chinoise, elle, sert toujours depuis 4 000 ans !

Regarde les trois écritures et compare-les !

Mot français	Ecriture égyptienne	Ecriture nahuatl	Ecriture chinoise
eau	〰〰		水
oiseau			鳥
homme			人
soleil	⊙		日

F

Lis et réponds !

Lis et écris !

Activités GP p. 26
Activités CA p. 12

1. Il y a combien de lettres dans les alphabets phénicien, grec et latin ? Compare !
2. Écris « A » en alphabet phénicien !
3. Écris « D » en alphabet grec !
4. Écris « soleil » en nahuatl !
5. Écris « homme » en chinois !
6. Écris « eau » en écriture égyptienne !

Regarde et écoute !

Joue l'histoire !

Activités GP p. 27-28
Activités CA p. 13

La princesse Tartine

Écoute et lis !

Puis joue
l'histoire avec
tes camarades !

Scène 1

Conteur : Il était une fois un roi, une reine et leur fille, la princesse Tartine.
La princesse veut se marier !

Tartine : Je veux épouser le plus beau garçon du pays !

Reine : Oui ! Ma fille, la princesse Tartine, veut épouser le plus beau garçon
du pays !

Conteur : Le roi prend son cheval et parcourt le pays.

Roi : Mes amis, écoutez ! Ma fille, la princesse Tartine, veut épouser
le plus beau garçon du pays !

Scène 2

M. Idiot : Le plus beau garçon du pays ?
Mais, c'est moi !

Conteur : Monsieur Idiot va au château.
Il frappe à la porte.

Portier : Qui c'est ?

M. Idiot : C'est moi, Monsieur Idiot !

Portier : Qu'est-ce que tu veux ?

M. Idiot : Je veux épouser la princesse !

Portier : Entre !

M. Idiot : Princesse, tu veux m'épouser ?

Tartine : Non, Monsieur Idiot,
tu es trop idiot !

Cour : Oui, Monsieur Idiot,
tu es trop idiot !
Au revoir, Monsieur
Idiot !

Scène 3

M. Méchant : Le plus beau garçon du pays ?
Mais, c'est moi !

Conteur : Monsieur Méchant va au
château. Il frappe à la porte.

Portier : Qui c'est ?

M. Méchant : C'est moi, Monsieur Méchant !

Portier : Qu'est-ce que tu veux ?

M. Méchant : Je veux épouser la princesse !

Portier : Entre !

M. Méchant : Princesse, tu veux m'épouser ?

Tartine : Non, Monsieur
Méchant, tu es trop
méchant !

Cour : Oui, Monsieur
Méchant, tu es trop
méchant ! Au revoir,
Monsieur Méchant !

Scène 4

M. Timide : Le plus beau garçon du pays ?
Mais, c'est moi !

Conteur : Monsieur Timide va au château.
Il frappe à la porte.

Portier : Qui c'est ?

M. Timide : C'est moi, Monsieur Timide !

Portier : Qu'est-ce que tu veux ?

M. Timide : Je veux épouser la princesse !

Portier : Entre !

M. Timide : Princesse, tu veux m'épouser ?

Tartine : Non, Monsieur Timide,
tu es trop timide !

Cour : Oui, Monsieur Timide,
tu es trop timide !
Au revoir, Monsieur
Timide !

Scène 5

M. Gentil : Le plus beau garçon du pays ?
Ce n'est pas moi ! Mais j'aime
la princesse !

Conteur : Monsieur Gentil va au château.
Il frappe à la porte.

Portier : Qui c'est ?

M. Gentil : C'est moi, Monsieur Gentil !

Portier : Qu'est-ce que tu veux ?

M. Gentil : Je veux épouser la princesse !

Portier : Entre !

M. Gentil : Princesse, tu veux m'épouser ?

Tartine : Tu n'es pas trop idiot,
tu n'es pas trop méchant
et tu n'es pas trop timide.
Tu n'es pas beau...
mais tu es gentil !
D'accord !

Cour : Oui !!! Vive Monsieur
Gentil !

Scène 6

Conteur : Le roi et la reine invitent la cour et tout le pays à une fête pour
le mariage de leur fille Tartine et de Monsieur Gentil !

Roi : Je vous invite à danser et à chanter !

Reine : Super ! J'adore danser ! J'adore les fêtes !

Tous : Hourra ! Vive la princesse Tartine ! Vive Monsieur Gentil !
« C'est la fête, les amis, et l'on danse et l'on danse,
C'est la fête, les amis, et l'on danse aujourd'hui !
Princesse Tartine fait comme ça et puis encore comme ça.
Monsieur Gentil fait comme ça et puis encore comme ça.
C'est la fête, les amis, et l'on danse et l'on danse,
C'est la fête, les amis, et l'on danse aujourd'hui ! »

Sur l'air de « Sur le pont d'Avignon »

Le pique-nique

A

Écoute et lis !

Écoute et répète !

Joue avec ton voisin, ta voisine !

Activités GP p. 29
Activités CA p. 14

Pour faire un bon pique-nique, il faut…

… du camembert, du beurre et des pommes…

… voilà la Normandie !

Des frites, de la tarte et des gaufres…

… voilà le Nord !

Du bœuf, de la moutarde et des escargots…

… voilà la Bourgogne !

Des sardines, du cidre et des crêpes…

… voilà la Bretagne !

De l'huile, des olives, du melon et des pêches…

… voilà la Provence !

B

Écoute et répète !

Activités GP p. 30
Activités CA p. 14

Tu viens d'où ? Vous venez d'où ?

Je viens de Normandie !

Je viens du Nord !

Je viens de Bretagne !

Je viens de Bourgogne !

Nous venons de Provence !

Le cours de géographie de Tante Emilie

A l'ouest, il y a la Normandie : il pleut souvent en Normandie !

Les 🐄 mangent de l' 🌱 verte et elles donnent

beaucoup de lait. Et pour faire du 🧀 , il faut du lait !

A l'ouest, il y a aussi la Bretagne : il y a souvent du ☁️ et des tempêtes sur la

🌊 ! Pour faire du ⛵ , il faut du vent mais pas de tempêtes !

Les pirates, les magiciens et les sorcières adorent les tempêtes. Mais il n'y a plus

de 🏴‍☠️ sur la mer, ni de 🧹 dans la forêt de Brocéliande !

Au sud, il y a la Provence : il fait beau et le ☀️ brille en Provence ! Les fruits,

comme les 🍎 ou les abricots, adorent le soleil ! Les 👦👧 aussi aiment le

soleil. Ils vont sur la 🏖️ pour bronzer, nager et jouer. Ils vont aussi visiter

le 🌉 d'Avignon ! En Bourgogne, il y a beaucoup de 🏰 et d' 🐌 !

Pour explorer la nature, on peut se promener en bateau sur les rivières et marcher

dans la 🌲 . Les gens du Nord adorent faire la fête : il y a de grands carnavals

avec des « géants »... et des 🎊 . Pour aller en Angleterre, on peut prendre le

🚄 et traverser la mer dans l'Eurotunnel !

C
Lis d'abord le texte
à voix haute !

Puis écoute
la cassette !

Activités GP p. 31
Activités CA p. 15

Vrai ou faux ?

1. Il pleut souvent en Provence.
2. Les escargots vont sur la plage pour bronzer et nager.
3. Le pont d'Avignon est en Bourgogne.
4. Il y a de grands carnavals dans le Nord de la France.
5. La Normandie est à l'est de la France.
6. Pour aller en Angleterre, on peut aussi prendre le bateau.
7. Il y a souvent du vent et des tempêtes en Bretagne.
8. Pour faire du camembert, il faut des olives.

D
Lis et corrige
les phrases !

Activités GP p. 32
Activités CA p. 15

Regarde bien
la photo !

Écoute, montre et
réponds !

Activités GP p. 33-34
Activités CA p. 16

Lis et réponds !

Puis écoute
la cassette !

Activités GP p. 34
Activités CA p. 16

Qu'est-ce qu'il faut pour faire du cidre ? Il faut des pommes !

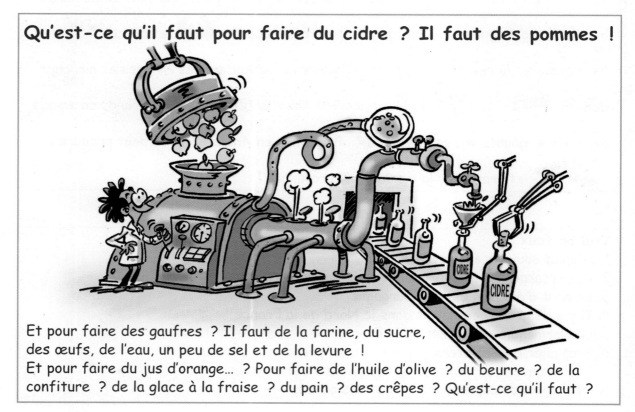

Et pour faire des gaufres ? Il faut de la farine, du sucre,
des œufs, de l'eau, un peu de sel et de la levure !
Et pour faire du jus d'orange… ? Pour faire de l'huile d'olive ? du beurre ? de la
confiture ? de la glace à la fraise ? du pain ? des crêpes ? Qu'est-ce qu'il faut ?

Regarde et écoute !

Imagine la fin de l'histoire !

Activités GP p. 35-36
Activités CA p. 17

Dans la jungle

A 🔊

Écoute, répète et mime !

Activités GP p. 37-38
Activités CA p. 18

 Oh ! Un papillon, regarde ! Comme il est joli !

 Je suis un joli papillon !

 Je suis un tigre féroce !

 Je suis un gentil dauphin !

 Je suis un gros éléphant !

 Je suis un ours rigolo !

B 🔊

Lis et trouve des réponses !

Puis écoute la cassette et compare !

Activités GP p. 38
Activités CA p. 18

La girafe ?	C'est un animal méchant !
Le rat ?	C'est un animal idiot !
Le dauphin ?	C'est un animal féroce !
Le crocodile ?	C'est un animal intelligent !
Le lion ?	C'est un animal dégoûtant !
Le rhinocéros ?	C'est un animal rigolo !
Le singe ?	C'est un animal timide !

Et le chat ? Le chien ? Le cerf ? L'écureuil ? Le loup ? Le renard ? Le serpent ? L'araignée ? Le poisson rouge ? La limace ? La tortue ? La mouche ? L'ours ?

1 un joli poisson

2 une petite tortue

3 un grand cerf

C

Écoute et répète !

Activités GP p. 39
Activités CA p. 19

4 un papillon bleu

5 une araignée rigolote

6 un lion magnifique

Nous entrons dans la jungle et
qu'est-ce que nous trouvons ?...
Un éléphant géant, très marrant !

Nous marchons dans la jungle et
qu'est-ce que nous trouvons ?...
Un oiseau rigolo, mais idiot !

Nous dansons dans la jungle et
qu'est-ce que nous trouvons ?...
Un joli ouistiti, très gentil !

Nous grimpons dans la jungle et
qu'est-ce que nous trouvons ?...
Un serpent dégoûtant, très méchant !

Nous sortons de la jungle et
qu'est-ce que nous trouvons ?...
Un p'tit rhinocéros très féroce !

D

Écoute la chanson,
répète et mime !

Activités GP p. 40
Activités CA p. 19

Écoute et lis !

Activités GP p. 41
Activités CA p. 20

Mes notes de voyage

J'adore les animaux de la forêt. Ici, dans les forêts du **Cambodge**, il y a beaucoup d'animaux : des éléphants, des ours, des tigres et des rhinocéros. Il y a aussi des cerfs, des singes, des écureuils, des oiseaux et des papillons !

Dans les rivières, il y a beaucoup de poissons et même des dauphins ! Mais il y a aussi beaucoup de chasseurs et les animaux sont menacés, comme dans d'autres pays du monde.

On peut se promener à dos d'éléphant pour traverser la jungle. Ici l'éléphant est un animal magique ! Il y a même une montagne qui s'appelle " La montagne de l'Eléphant " ! J'aime les éléphants : ce sont des animaux doux et intelligents.

J'ai envie de visiter un temple. Dans ce pays, il y a des " temples-montagnes " : des temples magnifiques dans la jungle. Ce sont de grands et beaux " livres d'images ".

Il fait chaud ! Il va pleuvoir. Alex et Zoé sont fatigués : ils dorment. Croquetout est malade : il a mangé trop de frites et de camembert ! Il est tard. Moi aussi, j'ai envie de dormir ! Bonne nuit !

Mamie

Lis et trouve l'intrus !

Activités GP p. 42
Activités CA p. 20

Trouve l'intrus !

1. Dans les forêts du Cambodge, il y a des éléphants, des girafes et des tigres.
2. Il y a aussi des cerfs, des hamsters, des écureuils, des oiseaux et des papillons.
3. On peut se promener en train pour traverser la jungle.
4. Il y a une montagne qui s'appelle « La montagne des Singes ».
5. Les éléphants sont des animaux doux et idiots.
6. Croquetout est malade : il a mangé trop de frites et de sardines.

1 Nous allons nous promener à dos d'éléphant ? Super !

2 Oh là là ! C'est vraiment un grand éléphant !

BD

Regarde et écoute !

Joue l'histoire !

Activités GP p. 43-44
Activités CA p. 21

3 C'est un éléphant magnifique !

4 Oh, oh, oh ! Ah, ah, ah !

5 Tu vois, Zoé, les éléphants sont des animaux...

6 ... doux, gentils...

7 Euh... gentil... euh... gentil petit éléphant ?

8 Hé, hé... et moi, je suis un gentil petit rat !

Le tour du monde en 80 jours

Au fond des mers

Écoute, lis et
regarde !

Activités GP p. 45-46
Activités CA p. 22

Bienvenue dans notre aquarium géant ! Regardez : il y a des poissons de toutes les tailles et de toutes les couleurs : des poissons jaunes, bleus, verts, rouges ou violets ! Ils peuvent se cacher dans les coraux et les algues : Regardez ces coraux orange et roses, ces algues vertes et brunes.

Cette tortue de mer est géante : elle pèse deux cents kilos, mais elle nage très vite ! A droite, ce poisson est un poisson volant ! Au fond, sur le sable, regardez ce gros crabe, cette jolie étoile de mer et ces beaux coquillages.

Ces grands requins gris mesurent quinze mètres de long et pèsent huit tonnes, mais ils ne sont pas trop méchants. Le requin bleu et le requin blanc, eux, sont féroces. Vous aimez faire de la plongée ? Attention aux requins !

1 J'adore faire de la plongée !

2 Regarde ces poissons, ces coraux, ces algues ! Regarde ces couleurs !

B

Écoute et lis !

Puis regarde bien et décris les images !

Activités GP p. 47
Activités CA p. 23

3 Et ce poisson géant ?

Il mesure dix mètres et pèse cinq tonnes ! C'est un requin ?

4 Ce monstre féroce ? C'est Croquetout ! Ah ! Ah !

Ce garçon mesure un mètre trente-cinq et pèse trente kilos.

Cette tortue mesure deux mètres de long et pèse deux cents kilos !

Cet ours mesure deux mètres soixante-dix et pèse quatre cents kilos !

C

Écoute et lis !

Activités GP p. 48
Activités CA p. 23

Cet éléphant mesure trois mètres trente et pèse six tonnes !

Ce requin mesure quinze mètres et pèse huit tonnes…

et ces singes mesurent vingt centimètres et pèsent deux kilos !

Écoute et lis !

Activités GP p. 49-50
Activités CA p. 24

Notre enquête :
Gauguin, Matisse et Tahiti...

Tahiti est une des îles de la **Polynésie française**. C'est une « île de rêve » avec de belles plages de sable blanc, de grands arbres, une eau bleu-vert et chaude, l'eau des lagons de Tahiti.

Il y a plus de cent ans, **Paul Gauguin**, peintre français, part à Tahiti. Il écrit un journal et peint beaucoup de tableaux : des fleurs, des fruits, la montagne et la mer. Il aime les couleurs : le rouge, l'orange, le jaune et le vert.

Il peint aussi des jeunes filles sur la plage : elles ont de jolies fleurs dans les cheveux et des robes rouges ou roses.

Henri Matisse est aussi un peintre français. Il fait un voyage à Tahiti. Plus tard, pour ce tableau, il découpe des papiers colorés : un papier bleu-vert pour l'eau, un papier rouge-violet pour les coraux, un papier noir pour les algues : c'est le souvenir des lagons de Tahiti. Henri Matisse peint les coquillages, les plantes et les poissons du fond des mers avec des ciseaux et du papier coloré !

"© Succession H. Matisse 2003"

Lis et trouve les réponses !

Réponds aux questions ! (Cherche dans un atlas ou une encyclopédie !)

1. La Polynésie française est dans quel océan : L'océan Atlantique ? L'océan Pacifique ?
2. Comment s'appelle cette partie du monde : L'Océanie ? L'Asie ?
3. Paul Gauguin est né où ? A Paris ? A Tahiti ?
4. Comment s'appellent ses amis peintres : Cézanne ? Van Gogh ? Picasso ?
5. Comment s'appelle un tableau célèbre de Matisse : Le Bal ? La Danse ?

1 J'adore pêcher... mais ces poissons n'ont pas faim !

2 Oh ! Un requin ?? Mais ce monstre mesure cinquante mètres et pèse cent tonnes !

BD

Regarde et écoute !

Joue l'histoire !

Activités GP p. 51-52
Activités CA p. 25

3 Aaaah ! C'est une tempête !

4 Au **secours** !

Alex, Zoé ! Où êtes-vous ?

5 Ce monstre va nous manger !

6 Ce monstre, c'est mon sous-marin ! Na !

Ra... Ratafia !

7 Entrez dans le "Nautilus"!

8 Ce sous-marin est vraiment super !

Vingt mille lieues sous les mers

28

Le Grand Nord

Lis et trouve
les réponses !

Puis écoute la
cassette et joue
avec ton voisin,
ta voisine !

Activités GP p. 53
Activités CA p. 26

Il neige ! Un bonnet... je n'ai pas de bonnet !

Des gants... je n'ai pas de gants !

Une écharpe... je n'ai pas d'écharpe !

Un anorak... je n'ai pas d'anorak !

Des bottes... je n'ai pas de bottes !

Merci, mais... je n'ai pas de valise !

Voici mes bottes !

Mets mon anorak !

Prends mes gants !

Bon... je te prête ma valise !

Tiens, voilà mon bonnet !

Tu veux mon écharpe ?

Écoute et lis !

Écoute et répète !

Activités GP p. 54
Activités CA p. 26

Cher Troll,

Je suis au Canada, au **Québec**. Il y a trois mètres de neige devant la maison : c'est l'hiver ! Alex et Zoé font un bonhomme de neige. Mamie est à la maison et fait des tours de magie.

Moi, je vais faire du sport ! Je vais faire du ski dans la forêt.

Mais je vais marcher aussi dans la neige avec des raquettes : c'est génial ! Le traîneau à chiens, c'est très bien et c'est moins fatigant que le ski ou les raquettes ! Tu sais, les chiens peuvent faire 60 kilomètres par jour à une vitesse de 10 kilomètres à l'heure ! Il y a aussi la motoneige : elle est plus rapide que les chiens ! Et puis il y a le rafting dans les rivières, mais l'eau est trop froide !

Je vais apprendre à faire du hockey sur glace : c'est le sport national du Canada ! C'est un sport fatigant : il faut courir, bouger et...je suis très gros ! Mais je vais être plus fort que les autres ! Je t'envoie mes photos et toutes mes amitiés.

Croquetout

C

Écoute, lis et montre la bonne photo !

Activités GP p. 55
Activités CA p. 27

Vrai ou faux ?
1. Au Canada, il neige beaucoup en hiver.
2. Mamie fait la cuisine.
3. On peut marcher dans la neige avec des raquettes.
4. Le traîneau à chiens est plus rapide que la motoneige.
5. On peut faire du rafting sur la glace.
6. Le hockey sur glace est le sport national du Canada.

D

Lis et corrige les phrases !

Activités GP p. 56
Activités CA p. 27

Écoute, répète et mime la chanson !

Activités GP p. 57
Activités CA p. 28

Dans mon pays d'hiver… gla-gla ! (bis)
'Y a de la neige comme ça, (bis)
Et un bonhomme comme ça ! (bis)

Dans mon pays d'hiver… gla-gla ! (bis)
Il y a des skis comme ça, (bis)
Et des raquettes comme ça ! (bis)

Dans mon pays d'hiver… gla-gla ! (bis)
'Y a du hockey comme ça, (bis)
Et des traîneaux comme ça ! (bis)

Écoute et lis !

Écoute et répète !

Activités GP p. 58
Activités CA p. 28

Voilà le Grand Nord ! Sa banquise, son soleil de minuit, son silence…

… ses caribous et ses ours blancs…

… ses phoques…

… et ses aurores boréales : c'est magnifique !

1 J'ai mes raquettes...

2 J'ai mes skis ! C'est plus rapide que les raquettes !

3 J'ai ma motoneige ! C'est moins fatigant que le ski !

BD

Regarde et écoute !

Joue l'histoire !

Activités GP p. 59-60
Activités CA p. 29

4 Où est Zoé ?

5 Qu'est-ce que c'est ? Son bonnet ?

6 Son écharpe ? Ses skis ?

7 Zoé ! Ahhhh ! Au secours ! CRAC

8 Tes skis ! Ton bonnet ! Ton écharpe ! Zoé !!! Ah ! La banquise !

Le Pays des Fourrures

Souvenirs de France

Écoute et lis !

Écoute et répète !

Activités GP p. 61
Activités CA p. 30

1 Nous avons apporté des cadeaux de France :

Un parfum de Paris...

2

Un savon de Marseille...

3

Une cigogne d'Alsace...

4

Des cartes postales des châteaux de la Loire...

5

« Guignol », une marionnette de Lyon...

6

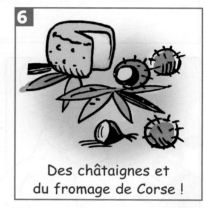

Des châtaignes et du fromage de Corse !

Écoute et répète la chanson !

Activités GP p. 62
Activités CA p. 30

Les souvenirs de France
Ont comme un goût de bonbon :
Ils ont un goût de nougat
Et de pain au chocolat !

Les souvenirs de France
Ont un parfum de savon :
Comme un parfum de muguet,
Un parfum de premier mai...

Les souvenirs de France
Ont comme un goût de bonbon...

C

Regarde bien
la photo !

Écoute, montre
et réponds !

Activités GP p. 63-64
Activités CA p. 31

D

Écoute et lis !

Joue l'histoire !

Activités GP p. 64
Activités CA p. 31

Lis, puis écoute la cassette !

Activités GP p. 65
Activités CA p. 32

Notre grand jeu !

Questions pour des champions !

Paris est la première ville de France. C'est une ville de deux millions d'habitants, célèbre pour sa mode, ses parfums, ses musées et ses monuments, comme la tour Eiffel, l'Arc de triomphe, Notre-Dame...

Lyon est la deuxième ville de France. C'est la ville de Guignol, une marionnette célèbre. A **Lyon**, on aime bien manger !

Marseille, la ville du savon, est la troisième ville de France. A Marseille et dans le midi de la France, on joue à la pétanque avec des boules.

L'Alsace est le pays de la cigogne. Elle arrive au printemps : elle vient d'Afrique et traverse des milliers de kilomètres.

La Corse est une île. C'est le pays des châtaignes et du fromage. Les maisons corses sont souvent tout en haut des montagnes.

En **Auvergne**, il y a le Parc national des volcans. Les volcans dorment, mais ils vont peut-être se réveiller un jour ?

Les châteaux de **la Loire** sont des châteaux de contes de fées. C'étaient des résidences de chasse pour les rois et les princes.

Cache le texte et réponds aux questions !

Activités GP p. 66
Activités CA p. 32

Tu as une bonne mémoire ? Oui ? Alors... réponds vite aux questions !
1. Quel est le pays de la châtaigne et du fromage ?
2. Quelle est la ville de la mode ?
3. Quels sont les monuments célèbres de Paris ?
4. Quel est le pays des volcans ?
5. Quelle est la deuxième ville de France ?
6. Quel est le pays de la cigogne ?
7. Quelle est la ville du savon ?
8. Quelles sont les anciennes résidences de chasse des rois et des princes ?

1 Quels sont ces cadeaux ?

J'ai apporté ces cadeaux de France ! Ce sont des souvenirs !

2 Quel est ce savon ?

BD

Regarde et écoute !

Joue l'histoire !

Activités GP p. 67-68
Activités CA p. 33

3 C'est un savon à la sardine !

4 Quel est ce parfum ?

5 C'est un parfum au camembert !

6 Et ça, c'est du nougat à la moutarde !

7 Ratafia !!!!

8 Euh... Quel cadeau vous préférez ?

Les astronautes

A

Écoute et lis !

Écoute et répète !

Activités GP p. 69
Activités CA p. 34

> En **Guyane** française, il y a la forêt avec des singes, des serpents, des perroquets...

> ... des papillons, des araignées géantes, des crocodiles et des poissons féroces : les piranhas !

> Et juste à côté de la forêt ... il y a un centre spatial : une fusée lance des satellites tout autour de la Terre !

> Une fusée ? Super ! Plus tard, je veux être astronaute !

B

Répète d'abord !

Puis écoute, devine et montre la bonne image !

Activités GP p. 70
Activités CA p. 34

Il est acteur.

Elle est championne de ski.

Il est musicien.

Elle est exploratrice.

Il est magicien.

Elle est présentatrice.

POUR LA PREMIÈRE FOIS !!!
Alex dit tout à notre journaliste !

C

Écoute et lis !

Activités GP p. 71
Activités CA p. 35

Bonjour Alex ! Qu'est-ce que tu veux être plus tard ?

Alex : Plus tard, je veux être vétérinaire !

Pourquoi vétérinaire ?

Alex : Parce que j'aime les animaux. J'ai un chat et un chien.

Je peux travailler dans une clinique vétérinaire et soigner les chats et les chiens. Je peux aussi soigner les animaux de la ferme : les chevaux, les vaches, les moutons…
Je peux aussi travailler dans un zoo !

Pourquoi tu veux travailler dans un zoo ?

Alex : Parce que dans les zoos, les animaux sont souvent tristes et malades. Mais j'aimerais bien être aussi archéologue.

Pourquoi archéologue ?

Alex : Parce que j'adore l'histoire. Et puis les archéologues voyagent, ils traversent des déserts, ils explorent des grottes. Ils trouvent des alphabets, des écritures, des dessins.
Les archéologues collectionnent des pierres, des cailloux et des objets anciens. Et moi, j'adore les pierres ! J'ai une collection magnifique !

La collection d'Alex.

* * * * *

Et toi, qu'est-ce que tu veux être plus tard ? Vétérinaire ? Archéologue ? Explorateur ou exploratrice ? Actrice ou acteur ? Champion de tennis ? Championne de judo ? Magicien ou magicienne ? Présentateur ou présentatrice ? Musicien ou musicienne ?

D

Lis et réponds !

Activités GP p. 72
Activités CA p. 36

Tu veux être chimiste ? Astronaute ? Journaliste ?

Détective ? Peintre ?

Acrobate ?

Explique pourquoi !

Joue avec ton voisin, ta voisine : mime et devine !

Activités GP p. 73-74
Activités CA p. 36

Lis et devine !

Puis écoute la cassette !

Activités GP p. 74
Activités CA p. 36

Qu'est-ce qu'ils veulent faire plus tard ? Devine !

Victor

J'adore les sciences et faire des expériences !

Fanny

Je suis forte en français et j'aime bien regarder la télévision !

Pierre

J'aime beaucoup les arts plastiques et peindre des tableaux !

Juliette

Ma matière préférée, c'est le sport. J'aime danser et bouger !

Adrien

J'aime les sciences et la géographie et je n'ai pas peur de voler !

Alice

Je suis forte en géographie et je voudrais trouver un trésor !

1 — Bonjour ! On peut visiter la fusée ? C'est pour Zoé... Plus tard elle veut être astronaute !

2 — D'accord, allez-y !

BD

Regarde et écoute !

Joue l'histoire !

Activités GP p. 75-76
Activités CA p. 37

3 — C'est vraiment petit !

4 — La fusée bouge !

5 — Elle va partir !

6 — Mais pourquoi nous sommes dans cette fusée ?

7 — Parce que tu veux être astronaute !

De la Terre à la Lune

L cole des magiciens

Écoute et lis !

Puis joue l'histoire avec tes camarades !

Scène 1

Conteur : Voici l'école des magiciens et voici le professeur de magie Magimax et ses élèves.

Magimax : Nous allons apprendre un tour de magie. Vous dites « Abracadabra – Obrocodobro – Oubroucoudoubrou ! » … et ça marche !

Élève 1 : Je veux traverser les galaxies ; je veux être astronaute ! Abracadabra – Obrocodobro – Oubroucoudoubrou ! …

Tous : Waou ! Il est astronaute !

Élève 2 : Je veux explorer les monuments anciens ; je veux être archéologue ! Abracadabra – Obrocodobro – Oubroucoudoubrou !

Tous : Super ! Elle est archéologue !

Élève 3 : Je veux changer les cailloux en diamants ; je veux être chimiste ! Abracadabra – Obrocodobro – Oubroucoudoubrou ! …

Tous : Génial ! Il est chimiste !

Élève 4 : Je veux vivre des aventures mystérieuses ; je veux être détective ! Abracadabra – Obrocodobro – Oubroucoudoubrou ! …

Tous : Bravo ! Elle est détective !

Élève 5 : Je veux faire rire les enfants ; je veux être clown ! Abracadabra – Obrocodobro – Oubroucoudoubrou ! …

Tous : Ho ! Ho ! Il est clown !

Scène 2

Conteur : Un jour, le méchant Malefix arrive à l'école.

Directeur : Bonjour ! Comment tu t'appelles ?

Malefix : Je m'appelle Malefix !

Directeur : Malefix ?! Hm… Qu'est-ce que tu as envie d'apprendre ?

Malefix : J'ai envie d'apprendre la magie !

Directeur : Et pourquoi ?

Malefix : Euh… j'adore l'école ! J'adore apprendre !

Directeur : Bon, d'accord ! Tu vas dans la classe du professeur Magimax. Avec lui, tu vas apprendre beaucoup de choses !

Malefix : Merci ! Au revoir !

Malefix : Oui, je veux apprendre des tours
de magie pour être le plus fort !
Ah ah ! Je suis très très
méchant. Je veux faire peur, je
veux être « maître du monde » !!!

Scène 4

Conteur : Malefix arrive dans la classe du professeur Magimax.
Élève 6 : Oh ! Un nouveau ! Qu'est-ce que tu veux être plus tard ?
Malefix : Euh… je ne sais pas !
Élève 7 : Tu veux être peintre ?
Malefix : Non.
Élève 8 : Tu veux être musicien ?
Malefix : Non, non.
Élève 9 : Qu'est-ce que tu veux faire ?
Malefix : Je veux être maître du… Euh… je veux être champion de magie !
Élève 10 : Champion de magie ? Ouh-là-là… Il faut beaucoup travailler !

Scène 5

Magimax : Silence ! Silence ! Au travail ! Malefix, répète après-moi :
« Abracadabra – Obrocodobro – Oubroucoudoubrou ! »
Malefix : Abra… cadabra – Obrobro…
Magimax : Non ! Écoute : « Abracadabra – Obrocodobro – Oubroucoudoubrou. »
Malefix : Abracadabra – Obrokidibri – Ouboubou… coudrou !
Élève 11 : Le champion de magie est déjà fatigué !
Malefix : Grrr. Je veux être « maître du monde » ! Abacarbabar – Obrocorbobo
– Oubrou… roubidou !
Tous : Hou !… Hou !
Malefix : Grrrrrr. Je veux être le plus fort ! Abacacada – Obococodo – Co-co…
Tous : Cot-cot-codè !
Élève 12 : Malefix veut être une poule !
Magimax : Ah oui ? « Abracadabra – Obrocodrobro… »
Malefix : Non, non ! Laissez-moi partir ! Au secours ! (*Malefix s'enfuit.*)
Tous : Bravo Magimax ! Bravo !!!

43

Dans le volcan

Écoute, lis et
compare !

Activités GP p. 77
Activités CA p. 38

Qu'est-ce que tu as fait hier ?

Le matin, j'ai marché jusqu'à la rivière et j'ai nagé !

A midi, j'ai mangé des frites et du poulet !

L'après-midi, j'ai travaillé et après j'ai joué au football.

Le soir, j'ai regardé la télévision !

Le matin, j'ai marché jusqu'à la plage et j'ai bronzé !

A midi, j'ai mangé du poisson et des frites !

L'après-midi, j'ai jonglé et sauté à la corde et j'ai travaillé pour l'école.

Et le soir, j'ai écouté de la musique !

Écoute, regarde bien
et trouve !

Activités GP p. 78
Activités CA p. 38

JE SUIS AUX ANTILLES ! LA MER EST MAGNIFIQUE. CE MATIN, J'AI FAIT DE LA PLONGÉE : J'AI CHERCHÉ ET J'AI TROUVÉ... UN CRABE ! MAIS JE N'AI PAS TROUVÉ DE POISSONS-PAPILLONS, DE POISSONS-PERROQUETS, DE POISSONS-PIERRES, D'ÉTOILES DE MER, DE COQUILLAGES, DE TORTUES, ET... PAS DE TRÉSOR... TU PEUX M'AIDER ?

Coquillage...
Je t'ai trouvé un jour d'été
Sur le sable de la plage.

Coquillage...
Je t'ai gardé pour écouter
Danser la mer les soirs d'hiver.

Coquillage...
Et maintenant en m'endormant,
J'entends la chanson des poissons !

C

Écoute et répète
la chanson !

Activités GP p. 79
Activités CA p. 39

Ah ! Le marché des **Antilles** ! Quels parfums !
Quelles couleurs !

Pour le déjeuner j'ai acheté des poissons, une araignée de mer et des crabes !

D

Écoute et lis !

Écoute et répète !

Activités GP p. 80
Activités CA p. 39

J'ai trouvé des bananes, des oranges, des châtaignes, des ananas et des mangues... pour une salade de fruits !

J'ai acheté du cacao et du café pour le petit déjeuner. Ah ! J'ai oublié le sucre !!

CACAO   CAFÉ

Écoute et lis !

Activités GP p. 81
Activités CA p. 40

Dans le volcan !
Sensationnel !
Le récit de voyage d'Eurydice l'exploratrice !

Le matin, j'ai mis de bonnes chaussures, j'ai pris mes lunettes de soleil et de l'eau ! Il fait chaud dans un volcan : sous la montagne, à l'intérieur de la Terre, il y a des laves : c'est comme une mer de feu !

D'abord, j'ai marché jusqu'à une cascade. Ensuite, l'après-midi, j'ai traversé des déserts de cailloux, des plaines de sable : c'est comme sur la Lune ! Puis j'ai grimpé jusqu'au sommet du volcan. Là j'ai exploré le cratère : j'ai trouvé des pierres noires, brunes et rouges et… des serpents !

Le volcan peut se réveiller.
Les laves se cherchent alors un chemin et s'échappent du volcan. Des pluies de pierres et des nuages de gaz retombent tout autour et les laves descendent vers la mer. C'est un spectacle magnifique, mais très dangereux !

Heureusement, le volcan n'a pas bougé ! Le soir, j'ai commencé à descendre. La Lune au-dessus du volcan ? C'est un spectacle vraiment magique ! Chez moi, j'ai regardé… l'histoire des volcans à la télévision !

Lis et trouve l'intrus !

Activités GP p. 82
Activités CA p. 40

Trouve l'intrus !
1. Eurydice a pris ses chaussures, ses lunettes et ses skis pour aller explorer le volcan.
2. A l'intérieur de la Terre, les laves sont comme une mer de sable.
3. Elle a traversé des déserts de cailloux et des récifs de corail.
4. Elle a trouvé dans le cratère des serpents et un trésor.
5. Des gouttes de pluie et des nuages de gaz retombent du volcan.
6. Chez elle, elle a écouté l'histoire des volcans à la radio.

1 Île de la Guadeloupe Volcan de la Soufrière

Nous descendons jusqu'au centre de la Terre !

2 Une grotte de diamants !?

BD

Regarde et écoute !

Joue l'histoire !

Activités GP p. 83-84
Activités CA p. 41

3 Ohhh !!! Au centre de la Terre, il y a une mer avec des monstres ???!

4 Nous traversons le volcan sur les laves !

5 AAAHHHH !!! Le volcan se réveille !

6 Ouf, sauvés !

7 Mais ce n'est pas le même lagon, ce n'est pas la même plage...

Où sommes-nous ?

8 Nous sommes dans une autre île... Nous avons traversé 13 000 kilomètres au centre de la Terre !

Volcan de la Fournaise
Île de la Réunion

Voyage au centre de la Terre

Galerie de portraits

Écoute et montre
le bon portrait !

Activités GP p. 85
Activités CA p. 42

A

Molière (1622-1673)
C'est un acteur. Il a aussi écrit des pièces de théâtre comme le
« Malade imaginaire ». Il a joué avec ses amis devant le roi Louis XIV
et écrit des spectacles pour les fêtes de la cour.

Madame de Sévigné (1626-1696)
Elle a écrit beaucoup de lettres à ses amis et surtout à sa fille :
ces lettres sont comme un tableau de la vie à la cour du roi
Louis XIV, le « Roi-Soleil ».

Jules Verne (1828-1905)
C'est un écrivain. Il a écrit des romans d'aventures : « Voyage au
centre de la Terre », « Le tour du monde en 80 jours », etc. Ses
héros ont souvent fait le tour du monde ou inventé des machines.

Gustave Eiffel (1832-1923)
C'est un ingénieur. Il a construit la tour Eiffel à Paris pour
l'Exposition universelle de 1889. Il a aussi construit l'intérieur
de la statue de la liberté à New York.

Colette (1873-1954)
Elle est née en Bourgogne. Elle a écrit des romans sur la nature
de son pays, sur les animaux et surtout sur les chats. Elle a été
aussi journaliste, mime et danseuse !

Achille Zavatta (1915-1993)
C'est un clown. Il a fait rire des milliers d'enfants et de parents.
Il a d'abord été clown au Cirque d'Hiver à Paris. Il a été ensuite
directeur de cirque.

B

Lis et corrige
les phrases !

Activités GP p. 86
Activités CA p. 42

Vrai ou faux ?
1. Molière a joué à la cour du « Roi-Soleil ».
2. Madame de Sévigné a écrit des lettres à sa mère.
3. Les héros de Jules Verne sont souvent des explorateurs ou des inventeurs.
4. Gustave Eiffel a construit la tour Eiffel à New York.
5. Colette a écrit des romans sur son pays, la Normandie.
6. Achille Zavatta a été directeur au Cirque d'Hiver à Paris.

Je suis un explorateur,
Rien ne me fait vraiment peur.

J'ai voyagé jusqu'en Chine,
Avec de drôles de machines.

J'ai traversé des déserts,
J'ai exploré des cratères.

J'aime beaucoup la nature
Et j'adore les aventures !

C

Écoute et répète
la chanson !

Activités GP p. 87
Activités CA p. 43

D

Lis d'abord le texte !
Puis écoute la
cassette !

Vrai ou faux ?

Activités GP p. 88
Activités CA p. 43

Activités GP p. 89
Activités CA p. 44

Écoute et montre la bonne photo !

Espions = Top secret !

Écoute et lis !

Puis joue avec ton voisin, ta voisine !

Activités GP p. 90
Activités CA p. 44

Qui suis-je ?

BD

Regarde et écoute !

Joue l'histoire !

Activités GP p. 91-92
Activités CA p. 45

En ballon

Écoute et montre !

Écoute et lis !

Activités GP p. 93
Activités CA p. 46

Au **Mali**, dans la savane, vivent des lions, des crocodiles, des éléphants et des hippopotames. On ne peut jamais les chasser dans un parc national, ils sont protégés !

Le baobab est un arbre extraordinaire. Celui-ci mesure 30 mètres de haut ! Sous le baobab, on vient souvent parler de la famille, des amis. Quelquefois, un musicien vient jouer et chanter. Il chante toujours l'histoire de son pays et de ses héros.

Écoute et répète
la chanson !

Activités GP p. 94
Activités CA p. 46

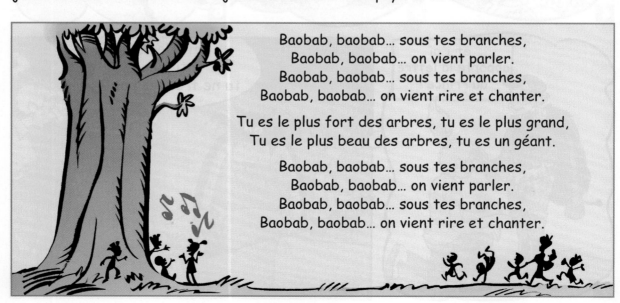

Baobab, baobab... sous tes branches,
Baobab, baobab... on vient parler.
Baobab, baobab... sous tes branches,
Baobab, baobab... on vient rire et chanter.

Tu es le plus fort des arbres, tu es le plus grand,
Tu es le plus beau des arbres, tu es un géant.

Baobab, baobab... sous tes branches,
Baobab, baobab... on vient parler.
Baobab, baobab... sous tes branches,
Baobab, baobab... on vient rire et chanter.

C

Écoute, répète
et mime !

Joue l'histoire !

Activités GP p. 95
Activités CA p. 47

La chasse au lion

Nous allons à la chasse au lion !
La vie est belle !
Nous n'avons peur de rien !
Ho, ho ? Qu'est-ce que c'est ? Un baobab ?
On n'peut pas passer dessus,
On n'peut pas passer dessous...
Qu'est-ce qu'on fait ?
On grimpe dedans !

Nous allons à la chasse au lion !
La vie est belle !
Nous n'avons peur de rien !
Ho, ho ? Qu'est-ce que c'est ? Une rivière ?
On n'peut pas passer dessus,
On n'peut pas passer dessous...
Qu'est-ce qu'on fait ?
On plonge dedans !

Nous allons à la chasse au lion !
La vie est belle !
Nous n'avons peur de rien !
Ho, ho ? Qu'est-ce que c'est ? Un volcan ?
On n'peut pas passer dessus,
On n'peut pas passer dessous...
Qu'est-ce qu'on fait ?
On saute dedans !

Nous allons à la chasse au lion !
La vie est belle !
Nous n'avons peur de rien !
Ho, ho ? Qu'est-ce que c'est ? Un lion ?
On n'peut pas passer dessus,
On n'peut pas passer dessous...
Qu'est-ce qu'on fait ?
On s'enfuit en courant !

Écoute, lis et compare !

Activités GP p. 97
Activités CA p. 48

Hier, il est allé à l'école à vélo.

Il est passé devant le magasin de jouets.

Il est entré dans la pâtisserie pour acheter un gâteau.

Il est tombé avec son vélo.

Il est arrivé à l'école en retard.

Il arrive toujours en retard !

Hier, elle est allée à l'école en rollers.

Elle est passée devant le cinéma.

Elle est entrée dans la boulangerie pour acheter un croissant.

Elle est tombée avec ses rollers.

Elle est arrivée à l'école en retard.

Elle arrive toujours en retard !

Écoute et répète !

Activités GP p. 98
Activités CA p. 48

Ils sont sortis !

Ils sont descendus.

Non ! Ils sont remontés…

Mais, ils sont partis ??!

1 Nous étions dans le ballon.

2 Tout à coup, la savane a pris feu !

3 Du gaz s'est échappé du ballon.

BD

Regarde et écoute !

Activités GP p. 99-100
Activités CA p. 49

4 Il est descendu à toute vitesse !

5 Alors, nous avons coupé les cordes.

6 La nacelle est tombée...

7 ...mais le ballon est remonté.

8 Ouf ! Nous sommes passés au-dessus de la savane en feu ! Quelle aventure !

Cinq semaines en ballon

BRETAGNE

Brest

NORMANDIE

Rouen

PAYS DE
LA LOIRE

CENTRE

Nantes

POITOU-
CHARENTES

LIMOUSIN

Bordeaux

AQUITAINE

Toulouse

MIDI-PYRÉNÉES

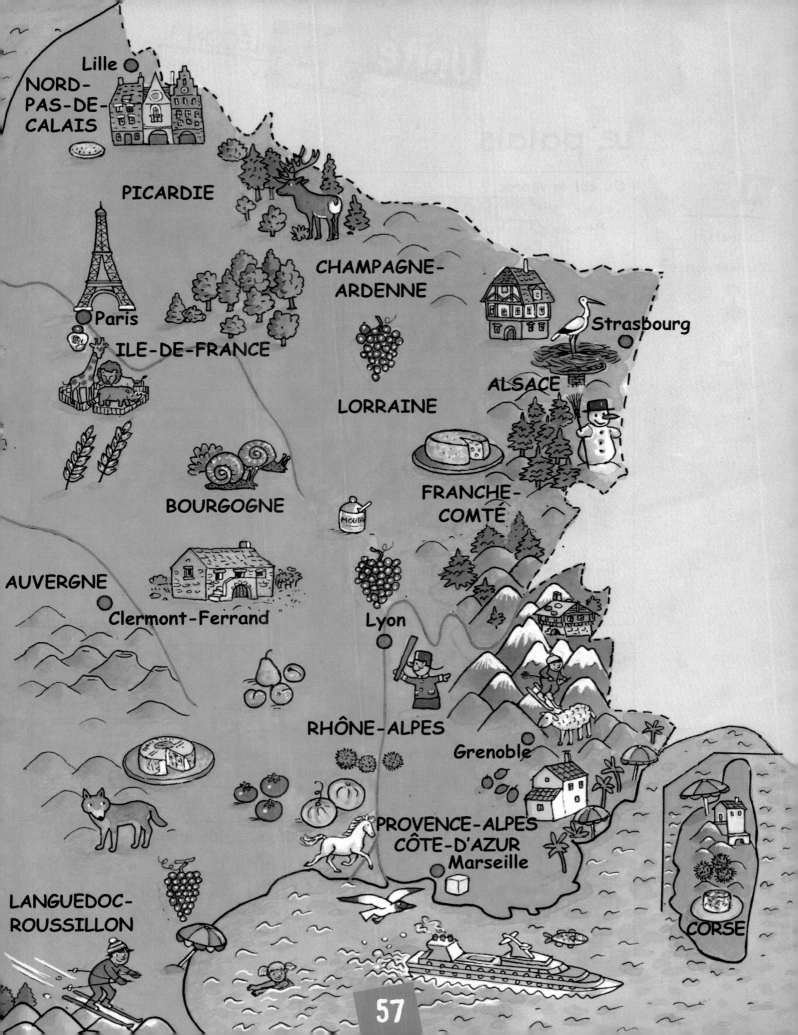

Lille

NORD-PAS-DE-CALAIS

PICARDIE

CHAMPAGNE-ARDENNE

Paris

ILE-DE-FRANCE

Strasbourg

ALSACE

LORRAINE

BOURGOGNE

FRANCHE-COMTÉ

AUVERGNE

Clermont-Ferrand

Lyon

RHÔNE-ALPES

Grenoble

PROVENCE-ALPES CÔTE-D'AZUR

Marseille

LANGUEDOC-ROUSSILLON

CORSE

Unité **13** LEÇON 1

Le palais

A

Écoute et lis !

Écoute et répète !

Activités GP p. 101
Activités CA p. 50

Où est le Maroc ?

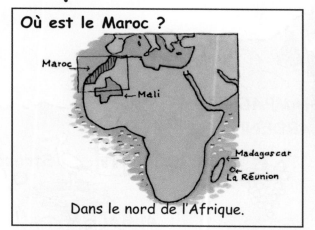

Dans le nord de l'Afrique.

Quand partir et pourquoi ?

En été pour la plage. En automne et au printemps pour avoir du soleil mais pas trop chaud ! En hiver… pour la neige !

Que voir ? Qui voir ?

Voir les forêts, les montagnes, les plages, le désert. Visiter les villes, les musées et les monuments célèbres. Et rencontrer les gens !

Combien de langues sont parlées ?

Au moins quatre ! On parle arabe ; dans le sud on parle berbère et dans le nord on parle un peu espagnol. On parle un peu français à l'école ou dans la rue.

Comment aller au Maroc ?

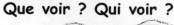

En avion, c'est plus rapide. En train et en bus, c'est moins cher, mais c'est plus long et plus fatigant. En bateau et en voiture, c'est plus pratique pour visiter le pays après.

B

Écoute et réponds !

Activités GP p. 102
Activités CA p. 50

Qui ?   Quoi ?   Où ?   Quand ?   Pourquoi ?   Combien ?   Comment ?

Écoute, lis et compare !

Activités GP p. 103
Activités CA p. 51

Écoute et regarde !

Vrai ou faux ?

Activités GP p. 104
Activités CA p. 51

Ferme les yeux et écoute !

Puis relis le texte !

Activités GP p. 105
Activités CA p. 52

A droite, c'est la cuisine. Sur la table il y a une salade de carottes à l'orange, des sardines, de la viande, du poulet aux olives et aux citrons, des gâteaux et des petites crêpes au miel. Goûte !

Le palais

Entre… la porte du palais est ouverte pour toi ! C'est un palais magique. Regarde le plafond et les murs : il y a du bleu, du jaune, du vert !

A gauche, voilà le grand salon ! Il y a des petites tables, des sofas, des tapis de toutes les couleurs, des lampes et des coussins ! Assieds-toi et prends un verre de thé !

Devant toi, il y a une cour avec des arbres, des fleurs, une petite fontaine… Tu entends le bruit de l'eau ? Il y a des roses dans la fontaine. Tu sens leur parfum ?

Quel silence ! En été, il fait très chaud dehors, mais ici les murs sont épais et protègent de la chaleur. Au printemps, en automne et en hiver, les murs protègent du froid. Alors… reviens quand tu veux !

Réponds aux questions !

Activités GP p. 106
Activités CA p. 52

Tu as aimé la visite du palais ? Maintenant, réponds aux questions !
1. Qu'est-ce que tu as goûté dans la cuisine ?
2. Tu as vu combien de coussins dans le salon ?
3. Où est-ce que tu as entendu le bruit de l'eau ?
4. Tu as eu chaud ? Tu as eu froid ? Pourquoi ?
5. Quand veux-tu revenir ? Au printemps ? En été ? En automne ? En hiver ?

Regarde et écoute !

Joue l'histoire !

Activités GP p. 107-108
Activités CA p. 53

A la télé

Écoute et lis !

Écoute et répète !

Activités GP p. 109
Activités CA p. 54

Il est cinq heures, Mamie ! C'est l'heure du dessin animé !!!

Oh... cette télé !!!

Mais nous sommes en **Belgique** !

C'est le pays de la bande dessinée, de Tintin, de Lucky Luke, des Schtroumpfs !

Des quoi ?

Tintin, le reporter et son chien Milou !

Lucky Luke, le gentil cow-boy et les Schtroumpfs, les petits hommes bleus !

Ils passent à la télé, Mamie !!!

Bon, d'accord pour les Schtroumpfs !

Écoute et répète le rap !

Activités GP p. 110
Activités CA p. 54

Je regarde la télé le lundi, le mardi,
Dans mon lit...
À huit heures et demie.

Je regarde la télé le mercredi,
Dans mon bain...
À dix-sept heures vingt.

Je regarde la télé le jeudi, le vendredi,
le dimanche et le samedi,
De midi à minuit...
C'est une vraie maladie !

Quels sont vos programmes préférés ?

les films d'aventures

les jeux

les dessins animés

Écoute et montre !

Écoute et répète !

Activités GP p. 111
Activités CA p. 55

les divertissements

les documentaires

les films comiques

le journal

les films fantastiques

les dessins animés

le sport

Écoute et lis !

Puis joue avec ton voisin, ta voisine !

Activités GP p. 112
Activités CA p. 55

Lis le programme !

Puis écoute : vrai ou faux ?

Activités GP p. 113
Activités CA p. 56

Votre programme d'aujourd'hui :		Samedi
TF1	**France 2**	**France 3**
16.00 On a marché sur la Lune Film : *Avec Tintin, le plus célèbre des héros de bande dessinée !*  **16.25 L'homme invisible** Série : *L'homme invisible est malade. Qui peut le soigner ?* **17.20 À la cour du roi** Documentaire : *Comment vivent le roi Louis XIV et sa cour ? Quels sont leurs divertissements ?* **18.00 Sport : Football** *Lyon joue contre Marseille.* **20.00 Journal** **20.50 Le voyage du Vampire** Film fantastique : *Un vampire veut faire le tour du monde...*	**16.05 Chiens des neiges** Documentaire : *La banquise, ses chiens de traîneaux, ses ours blancs.* **17.40 Les Schtroumpfs** Dessin animé : *Les petits Schtroumpfs jouent dans la forêt, mais le loup arrive...*  **18.45 Julie et Fred** *Fred aime Julie. Mais est-ce que Julie aime Fred ?* **19.15 La jungle en fête** Film comique : *Les aventures d'un enfant et de son perroquet dans la jungle.* **20.00 Journal** **21.00 L'école des stars** Divertissement : *Une soirée avec vos musiques, vos chansons et vos artistes préférés !*	**16.00 En direct** Reportage : *Une fusée est lancée du centre spatial en plein désert.* **16.35 Une heure au cirque** *Les plus beaux animaux ! Les meilleurs acrobates ! Les clowns les plus rigolos !*  **17.40 Sport : Hockey sur glace** *L'équipe nationale du Canada contre la Norvège.* **18.10 Questions pour des champions** Jeu. **19.30 Journal** **20.50 Vingt mille lieues sous les mers** Film d'aventures : *Un mystérieux sous-marin traverse les mers.*

Lis, puis joue !

Activités GP p. 114
Activités CA p. 56

Notre sélection :

★ **Une heure au cirque** : Un spectacle magique ! *C'est à 16 heures 35 sur France 3.*
★ **L'école des stars** : Le meilleur divertissement de la semaine ! *C'est à 21 heures sur France 2.*

Et maintenant, à vous de faire votre sélection !

Regarde et écoute !

Joue l'histoire !

Activités GP p. 115-116
Activités CA p. 57

1

Un hélicoptère au-dessus de nous ?

2

Qu'est-ce que c'est encore ?

3

Tiens, tiens ! Ratafia et ses parents !

4

Bonjour ! Comment ça va ? Votre voyage s'est bien passé ?

5

Notre voyage n'est pas fini, mais ça a été un vrai film d'aventures !

6

Ou plutôt... un film fantastique !

7

Et toi ? Qu'est-ce que tu as fait ?

Euh... moi, je suis restée avec mes parents...

Robur le Conquérant

Le retour

A

Écoute et lis !

Activités GP p. 117
Activités CA p. 58

Chère Malicia,

Voilà ! Notre voyage est fini... ou presque et tout s'est bien passé ou presque.

Pour notre retour, nous sommes invités à une fête au château de Versailles ! Croquetout, Mamie, Alex et Zoé ont aussi une invitation.

Tu connais le château de Versailles ? C'est le château de France le plus célèbre ! Au début, c'était une résidence de chasse. Mais le roi Louis XIV, le "Roi-Soleil", a construit un très grand palais avec des jardins et des fontaines magnifiques. Molière a présenté des spectacles et des pièces de théâtre à Versailles, par exemple le "Malade imaginaire".

Nous sommes invités à un bal dans la galerie des Glaces ! C'est fantastique ! C'est une très grande salle avec beaucoup de fenêtres et de miroirs ; elle mesure 73 mètres de long.

Je suis tellement heureuse : j'adore danser et j'adore les châteaux !
Je vais mettre ma plus belle robe !
Bisous.

Mortadella

∾ Invitation ∾

Vous êtes invités au
Grand Bal
dimanche à 20 heures
au château de Versailles
dans la galerie des Glaces

⬦

B

Lis et corrige !

Activités GP p. 118
Activités CA p. 58

Vrai ou faux ?
1. Mortadella est invitée par Mamie et Croquetout au château de Versailles.
2. Le château a été construit par Molière.
3. Elle est invitée à voir une pièce de théâtre : Le « Malade imaginaire ».
4. Mortadella est heureuse : elle adore le théâtre.
5. Mortadella va mettre sa plus belle robe.

De retour à la maison, j'ai écrit et dessiné mes aventures !

J'ai retrouvé mon chien et mon chat et j'ai commencé une nouvelle collection de coquillages !

C

Écoute et lis !

Écoute et répète !

Activités GP p. 119
Activités CA p. 59

J'ai inventé de nouvelles recettes, par exemple une tarte à la mangue, hmmm !!!

J'ai écouté de nouvelles musiques d'Asie, d'Amérique, d'Afrique...

C'est bien de rentrer à la maison !
C'est bien de rentrer à la maison !
C'était bien d'explorer les mers,
C'était bien d'explorer la terre...

Mais... c'est bien de rentrer à la maison !
C'est bien de rentrer à la maison !
C'est bien de tout raconter
Tout ce qui nous est arrivé !

C'est bien de rentrer à la maison !

D

Écoute et répète la chanson !

Activités GP p. 120
Activités CA p. 59

Activités GP p. 121-124
Activités CA p. 60-61

BD

Regarde et écoute !

Joue l'histoire !

1

C'est bien de rentrer à la maison, non ?

Euh... oui, nous rentrons bientôt !

2

Nous avons eu des aventures extraordinaires !

Ah oui ?

3

Nous avons trouvé un squelette dans une grotte !

4

Nous avons couru derrière un pique-nique à cent kilomètres à l'heure !

5

Mamie a fait une course d'éléphant !

6

Zoé a fait du rafting sur une banquise !

suite...

7 Nous sommes partis en fusée vers la Lune !

8 Nous avons grimpé sur un ballon pour échapper au feu !

9 Nous avons bu un thé génial : ce thé rend in-vi-si-ble !!!

10 Dommage, tu n'étais pas avec nous... C'était super !

On danse ?

11 Waou ! Ratafia et ses parents sont invisibles dans les glaces !!! Ça alors !

12 Voyons, voyons... "L'homme invisible"... c'est dans un roman de Jules Verne ?

Les invités-surprise

Ecoute et lis !

Puis joue
l'histoire avec
tes camarades !

Scène 1

(Alice, présentatrice de télévision, et Julien, journaliste, se rencontrent dans la rue. Assis sur un banc, deux garçons écoutent : ils ont l'air méchant. Enfin... l'un des deux est plus bête que méchant...)

Alice : Bonjour Julien ! Ça va ? Il y a un bal ce soir à Versailles, dans la galerie des Glaces !

Julien : Comme à la cour du roi Louis XIV ?

Alice : Oui ! Et toutes les dames vont venir avec leurs diamants !

Julien : Les salons du château, les magnifiques tapis...

Alice : ... Les lampes de cristal, les tableaux...

Julien : Waou ! J'aimerais bien voir tous ces trésors !

Alice : Tiens ! J'ai deux invitations pour le bal : je t'en donne une.

Julien : Une invitation au château ? Tu es vraiment gentille, merci !

Alice : Alors, on se voit ce soir au bal ?

Julien : D'accord ! À ce soir !

(Julien et Alice partent.)

Scène 2

Voleur 1 : Tu as entendu ?

Voleur 2 : Oui. Versailles... la galerie des Glaces... Louis XIV.

Voleur 1 : Tu n'as pas entendu autre chose ?

Voleur 2 : Bal... ce soir... Je ne sais pas danser !

Voleur 1 : Tu es idiot ? Et les diamants, les lampes de cristal, les tableaux ? Nous sommes voleurs, non ?

Voleur 2 : Oui, oui, c'est vrai.

Voleur 1 : Il nous faut ces invitations !

Voleur 2 : Mais nous ne sommes pas invités...

Voleur 1 : Suis le garçon ! Prends-lui l'invitation !

Voleur 2 : Euh... il est grand et fort...

Voleur 1 : Vas-y ! Je suis la fille !

(Les deux voleurs partent. L'un suit Alice et l'autre Julien. Dans les coulisses, on entend de grands bruits et les cris des deux voleurs : « Aïe ! » « Ouille ! »)

Scène 3

(Les deux voleurs reviennent de chaque côté de la scène. Leurs vêtements sont en désordre.)

Voleur 1 : Ouille-ouille ! Elle a fait du judo !

Voleur 2 : Aïe-aïe-aïe ! Il a fait du karaté !

Voleur 1 : Grrr. Nous n'avons pas les invitations pour le bal !

Voleur 2 : Euh… Tu ne veux pas aller au cinéma ?

Voleur 1 : Nooon !!! Nous allons au château !

Voleur 2 : Bon, bon, d'accord…

Scène 4

(Dans les coulisses, on entend un bruit de fenêtre cassée. Les deux voleurs entrent. La salle de bal est dans le noir.)

Voleur 1 : Il fait noir… Le bal n'a pas encore commencé.

Voleur 2 : Ouille ! Un fauteuil ! Je ne vois rien.

Voleur 1 : Vite, allons prendre les tableaux et les lampes de cristal !

(Tout à coup, la lumière s'allume. La salle est pleine de monde : tous les invités sont là et regardent les deux voleurs.)

Alice : Bonsoir ! Bienvenus à notre émission « Invités-surprise ! »

Voleur 2 : « Invités-surprise » ? J'adore cette émission !

Tous : Bravo ! Bravo ! Ah, ah, ah !

Alice : Je suis présentatrice de télévision et voilà Julien, journaliste.

Julien : Vous avez voulu prendre nos invitations ?

Alice : Et vous êtes venus voler les trésors du château !

Voleur 2 : Oui, c'est ça !

Voleur 1 : Non, non, pas du tout ! Nous adorons les bals, nous adorons danser !

Tous : Les invités-surprise sont des voleurs ! Ouh !

(Deux policiers arrivent, arrêtent et emmènent les deux voleurs.)

Tous : Bravo ! Bravo !

Alice : Bonsoir à tous et à bientôt pour une nouvelle émission !

Julien : On danse ? *(Alice, Julien et tous les invités dansent.)*

Emplacement	Crédit
26 ht	Musée d'Orsay, Paris- Ph © H. Lewandoski / RMN
26 bas	Ph © Ph. Migeat / CNAC/MNAM/RMN © Succession H. Matisse 2003
31 ht g	Ph © R.T. Nowitz / CORBIS
31 bas g	Ph © Frilet /SIPA IMAGE
31 m ht	Ph © Scott T. Smith /CORBIS
31 m bas	Ph © S. Grandadam / HOA-QUI
31 ht d	Ph © B. Nomad / Picture Maker /CORBIS
31 bas d	Ph © R. Gehman /CORBIS
63 ht g	Ph collection TCD
63 ht m	Ph © F. Pugnet /CORBIS-KIPA
63 ht d	Lucky Luke © LUCKY COSMICS 2003
63 m g	Ph © F. Bouillot / MARCO POLO
63 m m	Ph © Anup Shah / AGE/ HOA QUI
63 m d	Ph Collection TCD
63 bas g	Ph © J.M. Sureau /SIPA PRESS
63 bas m	Ph Collection TCD
63 bas d	Ph © A. Pix / AGE/ HOA-QUI
64 d	Ph © Niviere / SIPA
64 ht g	Hergé/ MOULINSART 2003
64 m	© Peyo/ Licence IMPS(Bruxelles) 2003
66 ht	Ph © B. Machet /HOA-QUI
66 bas	Chateaux de Versailles et de Trianon © Photo RMN

Édition : Martine Ollivier
Couverture : Daniel Musch
Illustration de couverture : Jean-Claude Bauer

Maquette intérieure : Planète Publicité
Illustrations : Jean-Claude Bauer / Mise à la couleur : Jérôme Bauer
　　　　　　　Marie-Hélène Carlier
　　　　　　　Isabelle Rifaux
　　　　　　　Volker Theinhardt

Pictos : Laurent Audouin

Recherche iconographique : XY Zèbre
Crédits photos : Marco Polo / F. Bouillot

Coordination artistique : Catherine Tasseau

N° d'éditeur : 10173239 - CGI - Octobre 2010
Imprimé en ITALIE par BONA